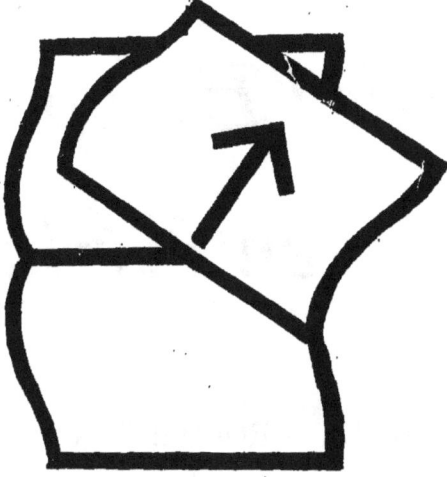

Couverture inférieure manquante

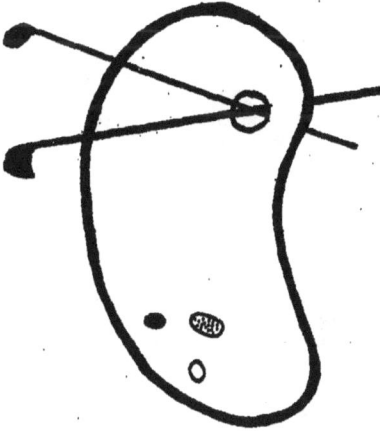

DEBUT D'UNE SERIE DE DOCUMENTS EN COULEUR

Georges FROMENT

Directeur général de l'*Action Coloniale et Maritime*

Le Devoir de l'Europe

en Afrique

ENQUÊTE SUR LA PROPOSITION

DE

M. Lucien HUBERT, Député

RELATIVE A LA PROTECTION MATÉRIELLE ET MORALE

DES RACES INDIGÈNES

ÉDITION

DE L'ACTION COLONIALE ET MARITIME

47, RUE BONAPARTE, 47

PARIS, VIᵉ

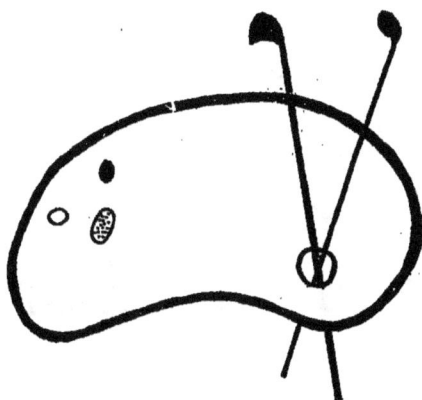

FIN D'UNE SERIE DE DOCUMENTS
EN COULEUR

Georges FROMENT

Directeur général de l'*Action Coloniale et Maritime*

Le Devoir de l'Europe

en Afrique

ENQUÊTE SUR LA PROPOSITION

DE

M. Lucien HUBERT, Député

RELATIVE A LA PROTECTION MATÉRIELLE ET MORALE

DES RACES INDIGÈNES

ÉDITION

DE L'ACTION COLONIALE ET MARITIME

47, RUE BONAPARTE, 47

PARIS, VIe

Le Devoir de l'Europe en Afrique

Il y a quelques mois M. **Lucien Hubert**, député des Ardennes, président de l'*Action Coloniale et Maritime*, vice-président de la Commission parlementaire des Affaires Extérieures, rédigeait un éloquent appel : « *Le Devoir de l'Europe en Afrique* », où il proposait la réunion d'un congrès européen qui serait chargé de fixer les règles générales dont la colonisation moderne doit s'inspirer pour la sauvegarde et l'éducation des indigènes.

« Ce n'est pas, écrivait M. Lucien Hubert, une conception nouvelle que je désire soumettre aux coloniaux des diverses puissances établies en Afrique.

L'idée de protection des indigènes est en effet depuis longtemps à l'ordre du jour. On l'agite partout, on la discute et on l'admet avec sympathie. On la baptise même, on l'appelle « politique d'association ». On en cause entre peuples mais platoniquement et sans grande sanction dans les congrès où d'éminents esprits se rencontrent pour consacrer d'admirables principes. Mais les gouvernements qui seuls peuvent solutionner pratiquement la question restent désespérément muets.

Et pourtant quelle belle œuvre digne de tenter une race civilisée, que celle dont je voudrais ici évoquer la réalisation.

Le xixe siècle restera devant l'histoire le siècle de la colonisation !

Un prodigieux effort le caractérise et l'anime. Tôt ou tard venues, les races blanches se passionnent à façonner suivant leurs méthodes, dans l'ardent creuset de leur civilisation, un univers nouveau. Et le fait dominant de cette œuvre immense est sans conteste la pénétration et l'organisation de l'Afrique. Ce continent se dérobait obstinément à nos curiosités et à nos besoins. Une humanité y dormait, — y mourait peut-être. Or voici que s'ouvrent les solitudes, que le mystère s'éclaire. Les forces oubliées secouent leur torpeur. Et l'Europe semble vouloir s'inquiéter enfin de mieux comprendre sa tâche pour la mieux accomplir.

Un seul événement dans toute l'histoire peut se rapprocher de ce soudain éveil du monde noir; c'est la découverte de l'Amérique.

L'Europe cupide d'alors mentit à sa mission. Son rôle, beau à tenter un dieu, puisqu'il comportait l'occasion de créer, finit misérablement.

Brutale et puérile, ruée au pillage des pauvres trésors dont s'enfiévraient les rêves et les appétits des conquistadors, elle ruina les trésors réels de la nature. Elle décima cette richesse vivante et seule durable parce que vivante : la population.

Et c'est trois longs siècles qui s'écoulèrent avant qu'une humanité nouvelle, lentement reconstituée, péniblement refaite de notre chair et de notre sang, se trouvât enfin prête pour la mission que les autochtones guidés et disciplinés eussent accomplie peut-être depuis longtemps.

La même erreur serait plus coupable et plus funeste encore en Afrique.

Plus coupable parce que l'Europe adulte et consciente de sa mission doit à son idéal si souvent affirmé d'appeler à la civilisation ces peuples enfants.

Plus funeste parce que le sol africain inhospitalier au blanc ne peut être civilisé et aménagé que par les races qu'il a enfantées. Entre ce monde nouveau et notre ancienne civilisation, l'humanité noire reste l'indispensable intermédiaire.

Ici la loi d'association s'impose aux races comme aux individus. Le blanc sera le cerveau qui conçoit, le noir sera le bras qui exécute. L'isolement, l'ignorance mutuelle c'était la torpeur; l'éviction serait la mort : la coopération sera le progrès et la vie.

L'œuvre d'éducation n'est-elle pas d'ailleurs passionnante et féconde?

L'orgueil d'une humanité supérieure comme la nôtre, n'est-il donc pas, lorsqu'elle a pu se créer à soi-même son idéal, de deviner et de réaliser l'idéal de cette humanité noire si voisine et pourtant si lointaine? La conquête de l'homme par l'homme, quelle triomphante victoire!

Et quel beau travail de concorde à assigner à toutes ces

puissances rivales et quel admirable effort sur elles-mêmes que de porter leurs regards vers ces buts amples et élevés qui semblent recéler en eux ce rêve tenace au cœur des hommes : la Paix.

Et la colonisation envisagée enfin comme une œuvre de fraternité entre les races qui s'ignorent ne jettera-t-elle donc entre les peuples qui se jalousent, par la vertu du travail commun, le germe fécond d'un avenir apaisé ?

Ces idées, j'eus l'honneur de les développer à Londres comme à Berlin. L'accueil chaleureux qu'ici comme là je rencontrai auprès des personnalités coloniales et politiques les plus éminentes m'a prouvé, par avance, que l'initiative que je prends aujourd'hui n'est ni déplacée ni prématurée.

Les hommes qui, dans leurs Patries respectives, ont compris la grandeur du rôle que l'Europe est appelée à jouer en Afrique savent aussi que sur ce terrain les nations blanches sont solidaires et amenées à une collaboration nécessaire. Lorsqu'elles n'ont pas voulu transporter là-bas leurs querelles ou leur politique européennes, rien ne les a divisées, tout les a réunies.

Elles sentaient en effet qu'elles ont besoin de discuter en commun, de comparer leurs méthodes, leurs programmes. Elles sentaient que la faute de l'un peut compromettre les intérêts de tous, que chaque succès, chaque idée juste par contre profite à la communauté.

N'est-il donc pas grand temps, dans ces conditions, de formuler officiellement, publiquement, sous une forme définitive, les règles générales dont doivent s'inspirer les efforts distincts pour converger vers le but commun ?

La réunion d'un Congrès européen, chargé d'énoncer quelques principes tutélaires dont la colonisation moderne doit s'inspirer pour la sauvegarde et l'éducation des races africaines, ne serait pas une innovation aussi audacieuse qu'on pourrait l'imaginer au premier abord.

C'est par l'entente européenne que l'esclavage, l'alcoolisme, le trafic des armes ont été combattus et enrayés.

Et lorsqu'on songe que des mesures viennent d'être prises en commun pour la sauvegarde de certaines races d'animaux, on se demande ce qu'il y aurait de surprenant à songer un peu aux hommes après avoir songé aux bêtes.

La question évidemment a été évoquée souvent. Elle n'est jamais entrée dans le domaine pratique de l'application.

Le programme serait cependant assez facile à tracer dans ses grandes lignes. Il suffirait d'élaborer quelques déclarations générales touchant le respect du statut propre des indigènes :

Respect de leur conception du droit de propriété et de la constitution de la famille.

Protection de la vitalité même de leurs races.

Garantie du travail libre et de sa rémunération.

L'expérience des divers peuples colonisateurs et leur désir de justice ont d'ailleurs préparé déjà des solutions qu'il serait aisé de formuler.

La grande Révolution Française a proclamé les Droits de l'Homme adulte et civilisé. A nous maintenant, dans un monde élargi, de dire les Droits de l'Homme enfant et barbare.

Cette question, je la soumets sans crainte au jugement et à l'approbation des coloniaux de tous pays.

Forçant les cercles du désert, de la solitude, de l'oubli, le génie européen est allé réveiller l'humanité noire. Fêtons les fiançailles de ce Prince Charmant et de cette Belle au Bois dormant. Et puissent toutes les fées de notre civilisation, la Science, la Justice et la Bonté, venir déposer dans leur corbeille les présents qui rendront leur alliance féconde, bienfaisante, éternelle. »

*
*   *

En même temps que la presse européenne donnait son entière et sympathique approbation aux idées exprimées par M. **Lucien Hubert** et, en particulier, à sa proposition d'une conférence en vue de décisions communes, le député des Ardennes recevait de nombreuses adhésions des plus hautes personnalités coloniales. Nous sommes heureux de pouvoir citer ici les principales.

M. **Milliès-Lacroix**, Ministre des Colonies, donnait formellement la sienne, par la lettre suivante :

J'ai lu avec le plus vif intérêt la note que vous avez bien voulu me communiquer.

Recevez toutes mes félicitations et mes encouragements pour l'œuvre à laquelle vous vous dévouez. La mise en valeur des colonies africaines est entièrement subordonnée au développement de la race autochtone. Votre œuvre humani-

taire est donc en même temps une œuvre de salut colonial et vous méritez, à cet égard, le concours des gouvernements.

Le mien vous est complètement acquis.

J'approuve donc votre projet d'instituer un Congrès européen de colonisation et de protection des indigènes.

M. **Pichon**, Ministre des Affaires Etrangères, répondit en ces termes à l'envoi de M. Hubert :

Vous avez bien voulu me faire parvenir un exemplaire de la circulaire que vous comptez adresser aux personnes s'intéressant aux questions coloniales dans les divers pays qui ont des possessions en Afrique.

J'ai l'honneur de vous remercier de cet intéressant envoi que je ne manquerai pas d'étudier d'une façon toute spéciale.

L'appel de M. Hubert trouvait le même accueil auprès des hautes personnalités coloniales.

M. **Roume**, Gouverneur Général honoraire de l'Afrique Occidentale française, écrivait :

J'ai lu avec le plus vif intérêt votre appel au sujet du devoir de l'Europe en Afrique ; je ne verrais que des avantages à ce qu'il fût entendu.

M. le **Général Gallieni**, ancien Gouverneur Général de Madagascar, félicitait M. Hubert

« *pour l'intéressante et généreuse initiative qu'il vient de prendre* ».

M. **Merlin**, Gouverneur Général du Congo français et dépendances, répondait la lettre suivante :

Je reçois votre appel intitulé « Le Devoir de l'Europe en Afrique ». Les principes que vous y exposez sont ceux qui doivent guider tout administrateur soucieux de l'avenir des populations indigènes qui lui sont confiées, soucieux de l'avenir économique du pays qu'il dirige. Je ne puis donc qu'y applaudir et vous remercier de l'envoi que vous m'avez fait.

M. le **Général Famin** félicitait également M. Hubert de

« *sa très intéressante initiative* ».

et M. le Commandant **Moll**, qui dirigea récemment, avec une incontes-

table autorité, les travaux de délimitation du Congo et du Cameroun, se déclarait

« un fervent adepte de la cause qu'il soutenait ».

Dans les milieux parlementaires on ne montra pas moins de chaleur. Voici ce qu'écrivait M. **François Deloncle**, député de la Cochinchine :

Le projet d'un Congrès européen pour l'amélioration du bien-être matériel et moral des races noires de l'Afrique est à tous points de vue excellent, et j'y applaudis sans réserve. L'heure est venue où la France doit prendre la généreuse initiative d'en provoquer la réunion, et tous ceux qui se préoccupent au point de vue patriotique et humain de l'avenir du continent noir seront d'accord avec toi pour demander au gouvernement de la République de se mettre hardiment à la tête de cette grande œuvre.

M. **Charles Dumont**, député du Jura, donnait son adhésion en ces termes :

Tu viens d'écrire une belle page sur le Congrès international de protection des nègres. J'y applaudis avec émotion! Cette initiative t'honore et, si tu la fais adopter par le gouvernement et les Chambres, elle honorera notre pays.

Le monde de la diplomatie et celui de l'enseignement accueillirent avec autant d'intérêt l'étude de M. Lucien Hubert.

M. **René Millet** en accusait réception en ces termes :

J'adhère bien volontiers à votre idée d'un Congrès européen pour régler la condition des noirs d'Afrique devant la colonisation européenne. Ce serait, en somme, la continuation du mouvement qui a abouti à l'abolition de la traite.

De M. **Gabriel Séailles**, le distingué professeur de philosophie de la Sorbonne, M. Hubert recevait la lettre suivante :

Je vous remercie de m'avoir communiqué votre projet. Je n'ai pas besoin de vous dire que j'y adhère de tout cœur. Il ne manque pas de gens qui s'imaginent que toute la politique coloniale se résume dans la violence au service de la cupidité. Vous avez mille fois raison de dénoncer la stupidité de ces soi-disant réalistes qui s'acharnent à détruire un vieux monde, dont le problème est de faire sortir un monde nouveau. Le mal qu'ont fait les conquérants de l'Amérique n'est pas réparé, tout au moins dans l'Amérique du Sud. Or, en Afrique, comme vous le montrez, une substitution de la race blanche à la race noire est impossible. Il importe donc de ne pas détruire le noir par l'alcool, de ne pas le déconcerter par des lois sans rapport avec nos coutumes. La civilisation doit faire effort pour ne pas devenir meurtrière. Le Congrès dont vous parlez pourrait trouver une occasion dans le règlement de l'affaire du Congo, qui préoccupe en ce moment l'Angleterre et les États-Unis.

M. **Arthur Girault**, l'érudit professeur de la Faculté de Droit de Poitiers, écrivait de son côté :

J'adhère très volontiers à l'idée développée dans la note sur le « Devoir de l'Europe en Afrique » que vous avez bien voulu me communiquer. La sauvegarde et le développement de la population indigène m'ont toujours semblé une nécessité à la fois morale et économique, et tout ce qui peut fournir une occasion d'entente entre Européens sur le terrain colonial me paraît digne d'être encouragé.

M. **Franck Puaux** étudiait le projet de M. Lucien Hubert au cours d'une communication, dont nous extrayons quelques passages :

Vous venez d'écrire une page qui restera à l'honneur de votre nom, car elle s'est inspirée d'une noble pensée, le devoir envers les races africaines. Il n'y a aucune illusion à se faire ; seul l'Africain peut faire de sa terre natale un continent moderne.

L'Européen n'y sera jamais, sauf à l'Extrême-Sud et à l'Extrême-Nord, qu'un voyageur de passage. L'expérience a été faite cent fois.

...L'heure est venue pour l'Europe de comprendre son devoir vis-à-vis de l'Afrique d'autre manière qu'elle ne l'a fait jusqu'à ce jour.

Voyez dans ces quelques lignes, je vous prie, un témoignage de l'extrême intérêt, avec lequel j'ai étudié votre projet.

M. **Le Myre de Vilers**, ancien président de la Société de Géographie de Paris, assurait lui aussi M. Lucien Hubert de son haut concours.

Je ne saurais trop vous féliciter de votre précieuse entreprise, dont le but essentiel est de venir en aide aux indigènes et de les appeler à profiter des bienfaits de notre civilisation.

Il sera excellent de tenir une seconde session du Congrès Européen, qui se réunit pour la première fois à Paris, lors de l'Exposition de 1900. Ses travaux furent remarquables et remarqués. Nous provoquâmes une seconde réunion à l'occasion de l'Exposition de Liége. Nos propositions furent agréées par le gouvernement belge qui promit son appui moral et financier.

... Ces conférences internationales manquent de sanction et trop d'intérêts privés sont en cause pour que les mesures préconisées soient exécutées.

... Du reste, si les idées générales, les principes définis sont nécessaires pour tracer les directions, c'est principalement l'administration, l'exécution qui accomplit les réformes sociales, et il me semble qu'aujourd'hui nous sommes suffisamment fixés sur nos devoirs envers les natifs pour passer de la théorie à la pratique.

Le baron **Joseph du Teil,** secrétaire général de la « Société anti-esclavagiste de France », répondait en ces termes :

Je connaissais déjà votre initiative par la presse ; la circulaire que vous avez bien voulu adresser à M. le Président nous a permis de parler de cette question à notre dernier Conseil d'administration qui a eu lieu vendredi dernier, 19 juin ; ces messieurs ont estimé que la Société antiesclavagiste devait se tenir au courant de tout ce qui se fait pour l'amélioration du sort des indigènes en Afrique ; elle a récemment étendu son programme en ce sens, lors de son assemblée générale du 11 mars 1908. De plus, par nos relations suivies et cordiales avec le « British and foreign antiesclavery Society » de Londres et le « Societi antiesclavagiste » d'Italie, il lui est permis d'exercer une action internationale ; les récents vœux du Congrès de Rome, au mois de décembre 1907, appuyés à Paris et à Londres par les Sociétés nationales, en sont la preuve, ainsi que vous pouvez le voir par nos derniers bulletins. Toutes les raisons font que nous désirons très vivement être informés de vos résolutions quant à la réunion d'un Congrès européen, afin de pouvoir, le cas échéant, y participer ou du moins nous y faire représenter.

Le monde industriel et commercial ne se désintéressait pas lui aussi de ce projet. M. **Ancel Seitz**, ancien député des Vosges, fut un des premiers adhérents, et M. **Esnault-Pelterie**, président de l'*Association Cotonnière Coloniale* adressait la lettre suivante à M. Lucien Hubert :

Je vous remercie d'avoir pensé à moi pour m'adresser votre projet de Congrès motivé, relativement aux populations d'Afrique. Je n'étais pas sans en avoir déjà pris connaissance dans les journaux spéciaux, et c'est avec un véritable plaisir que j'ai vu que le ministre des Colonies l'approuvait.

Je vous félicite très sincèrement de l'initiative que vous prenez ; certainement, d'une façon générale, ces populations sont composées de grands enfants qui ont besoin d'être protégés, mais en même temps, d'être éduqués avant de leur laisser croire qu'ils sont politiquement nos égaux.

**

L'idée de M. Lucien Hubert ne rencontra pas moins d'adeptes à l'étranger.

Voici la lettre qu'il recevait le 24 juin 1908 du **Secrétariat d'Etat du Colonial office** de Londres :

Je suis chargé par le comte de Crewe de vous accuser réception de votre Communication relative au devoir de l'Europe en Afrique et suggérant l'idée de la réunion d'un grand Congrès Européen, afin d'établir les principes en vue de la protection et de l'éducation des indigènes.

Je m'empresse de vous faire parvenir l'expression du sympathique intérêt que porte Sa Seigneurie à l'objet de votre proposition.   H. BERTRAM COX.

Le prince **de Bulow**, chancelier de l'Empire allemand, adressait « *tous ses remerciements pour l'aimable envoi de l'intéressant document concernant la situation des indigènes en Afrique* » et formait « *ses meilleurs vœux pour l'amélioration de leur sort* ».

M. **de Schoën**, Ministre des Affaires Etrangères, s'exprimait ainsi :

En vous accusant réception du document relatif au devoir de l'Europe en Afrique, que vous avez bien voulu m'adresser il y a quelques jours, j'ai l'honneur de vous exprimer mes remerciements très sincères pour cette aimable attention. J'ai pris connaissance de ce document avec d'autant plus d'intérêt que la situation économique et juridique des indigènes fait également en Allemagne l'objet d'études spéciales.

M. de Lindequist, sous-secrétaire d'Etat du Ministère des Colonies de l'Empire allemand, répondait en ces termes :

J'ai pris connaissance avec intérêt, d'après le contenu de votre Communication, d'un projet de réunion d'un Congrès Européen traitant de la protection des indigènes d'Afrique. Les conditions de vie des indigènes au point de vue économique et juridique doivent être l'objet d'une attention particulière. Je ne manquerai pas de porter votre projet à la connaissance de M. le sous-secrétaire d'Etat, au retour de son voyage en Afrique Australe.

Seul, **M. Arning,** membre du Reichstag et de la Chambre des Députés de Prusse, tout en rendant hommage à la personnalité de M. Lucien Hubert, crut devoir formuler des réserves au sujet de la réunion d'une conférence.

C'est, écrivait-il, avec un plaisir tout particulier que j'ai reçu votre aimable envoi qui me rappelait l'agréable soirée de l'an dernier où j'assistais à votre remarquable conférence. C'est avec un regret d'autant plus grand que je ne puis adhérer à votre proposition. Le contenu de votre analyse m'est en lui-même sympathique, mais je crois que, dans l'état actuel des choses, un Congrès international serait une entreprise prématurée qui ne mènerait à aucun résultat. Je pense que les diverses opinions nationales doivent s'éclairer davantage avant que l'on puisse penser à une conférence internationale.

M. Th. Schiemann s'associait en ces termes à l'initiative de M. Lucien Hubert :

J'ai lu avec le plus vif intérêt les idées généreuses que vous poursuivez et je serai très heureux si je puis contribuer à avancer une œuvre d'humanité qui certainement est digne de notre travail commun.

Je vous prie donc de disposer de moi et d'agréer les assurances de ma très haute considération.

En Belgique, de nombreux partisans furent gagnés à la cause de M. Lucien Hubert. C'est, d'abord, **M. Vandervelde,** membre de la Chambre des représentants :

J'adhère d'enthousiasme à votre idée de réunir un Congrès pour la protection des indigènes. Je pars après-demain pour le Congo, mais, à mon retour, en octobre, je me mettrai tout à votre disposition pour réunir des adhésions en Belgique.

M. **Paul Janson**, ancien bâtonnier, député de Bruxelles, écrivait :
J'adhère entièrement à votre projet.

Et M. **Destrée**, membre de la Chambre des représentants :
D'accord avec vous et félicitations pour votre initiative.

De la Haye, M. **A. E. Elias**, secrétaire général du Ministère des Colonies, adressait la lettre suivante à M. Hubert :
Je vous remercie beaucoup d'avoir bien voulu m'envoyer un exemplaire de votre document intitulé : « Le Devoir de l'Europe en Afrique ».

Inutile de vous témoigner ma parfaite adhésion aux idées que vous y avez développées.

Mais, hélas, je ne suis pas à même de contribuer pour quelque chose à la réalisation de ces idées que vous avez soumises si justement aux coloniaux des diverses puissances établis en Afrique.

Ma patrie ne compte point parmi ces puissances, puisqu'elle n'a pas de colonies dans cette partie du monde.

Voilà pourquoi je dois me borner à vous exprimer ma vive sympathie et mes meilleurs vœux pour la réussite de la belle œuvre que vous préconisez avec tant d'éloquence.

M. **Almeiga d'Eiça**, vice-président de la **Ligue Navale Portugaise**, promettait également son appui :

Le Conseil général de la Ligue Navale Portugaise a pris connaissance de la circulaire que vous avez bien voulu lui adresser, l'invitant à se prononcer sur votre proposition pour la réunion d'un Congrès Européen devant s'occuper des principes à appliquer dans la colonisation moderne.

Le but principal de notre Ligue étant le développement de la navigation et d'autres sujets corrélatifs, votre proposition n'entre que d'une façon indirecte dans le cycle de ses études. Mais le Conseil de la Ligue Navale Portugaise n'en considère pas moins la haute valeur du but que vous nous proposez d'atteindre, et il a décidé de vous faire connaître son appui chaleureux à toutes les idées de justice, quelles que soient leurs applications.

***

En même temps que ces marques personnelles d'encouragement parvenaient à M. **Lucien Hubert** la presse s'emparait de l'idée qu'elle commentait avec faveur.

M. **Dubief,** ancien ministre, écrivait dans le **Progrès de Lyon** (1) :

« M. Lucien Hubert, député des Ardennes, qui est un colonial de la bonne école, vient de prendre une intéressante initiative.

Dans un appel éloquent, il propose la réunion d'un congrès européen qui serait chargé de fixer les principes tutélaires et les règles générales dont la colonisation moderne doit s'inspirer pour la sauvegarde et l'éducation de ce que J. Ferry appelait « les races inférieures ».

Voilà qui est — ma foi ! — très bien et très beau et peut-être point tant utopique qu'il peut sembler à première vue.

Il est en Europe des congrès où se règlent internationalement les conditions du travail notamment, malgré les luttes cependant engagées partout sur le terrain économique ; pourquoi ne s'entendrait-on pas aussi pour déterminer certaines règles dont les peuples colonisateurs s'imposent réciproquement le respect, vis-à-vis des populations qu'appelle à elle la civilisation ?

Ne serait-il pas bien que fût proclamé comme un principe et admis partout qu'on ne peut, dans aucun cas et sous aucun prétexte, disposer de la personne ou des biens d'un indigène sans son libre consentement ; que tout contrat engageant la personne ou les biens d'un indigène doit être individuel et librement consenti ; que tout contrat passé avec une collectivité, village ou tribu et concernant le travail ou les biens des indigènes, est nul et non avenu ; que la durée d'un contrat de travail ne peut en aucun cas et sous aucun prétexte dépasser, sauf rengagement, une durée fixe et limitée, et que les pénalités prononcées contre un indigène, en cas d'infraction à un contrat de travail, ne peuvent être que légères ?

(1) *Progrès de Lyon* du 16 juillet 1908.

La colonisation doit se proposer deux buts : l'un immédiat et pratique, le développement de la richesse et de l'activité nationales ; l'autre plus lointain mais plus élevé, la diffusion d'une civilisation supérieure, l'adaptation du génie propre du peuple colonisateur à la mentalité des races moins développées, sa coopération aux progrès généraux de l'humanité.

Serait-il extravagant de demander que soit fixée par des règles internationales l'œuvre d'enseignement que les peuples doivent accomplir dans leurs possessions ? En leur donnant la paix et la prospérité nous leur rendrons notre « association » acceptable, mais pourquoi ne fixerait-on pas, pour que chacun y ait recours, les grandes lignes de la méthode qui pourra, sans rien brusquer, sans rien compromettre, en évitant soigneusement tout ce qui peut fausser les sentiments intimes des indigènes, les rendre peu à peu aptes à accepter les tendances essentielles de la civilisation sous réserve de toutes les modifications de détail que comporte le caractère propre de chaque pays nouveau ?

Un congrès comme celui que rêve d'organiser M. Lucien Hubert ne pourrait que produire des résultats excellents. La colonisation en Afrique surtout pourrait en bénéficier grandement. Que de scandales évités ! Que de douloureuses histoires écartées ! Que de querelles violentes entre les peuples devenues sans objet !

Je ne sais pas quel sort attend la proposition de M. L. Hubert, mais il y a là une initiative qui fait honneur à la noblesse et à la générosité de l'esprit qui l'a conçue. Elle est d'un cœur français ! »

Dans le **Journal** (1), M. **Pierre Baudin**, s'occupant de la « Protection des Noirs », s'exprimait ainsi :

« Le régime qu'il convient d'appliquer aux noirs fait bien l'objet de dissertations ingénieuses dans les congrès coloniaux. Nombre de monographies relatent les expériences conduites par tel ou tel gouvernement. Il y aurait, aujourd'hui, mieux à faire. Et ce mieux, mon ami et collègue M. Lucien Hubert l'a indiqué dans une note adressée au ministère des colonies.

(1) 17 août 1908.

Ce serait « la réunion d'un Congrès européen chargé d'énoncer quelques principes tutélaires dont la colonisation moderne doit s'inspirer pour la sauvegarde et l'éducation des races africaines ».

L'idée nous semble, comme à M. Lucien Hubert, très réalisable et très utile. Nous ne croyons pas à la possibilité de faire des noirs nos frères en droits et en civilisation. Les belles rêveries de la Révolution ont produit à Haïti et à Saint-Domingue des résultats si déplorables qu'ils suffisent à nous convaincre du danger de la politique d'assimilation. Dans ces doux pays, chaque général, Nord, Sud, Télémaque, ou Ulysse, y proclame à son bénéfice la Déclaration des Droits de l'Homme en mitraillant les suspects. Et je me souviens d'un mémoire haïtien où le gouvernement noir invoquait des textes les plus authentiques de notre droit à l'appui de l'acte le plus inique et le plus révoltant commis au préjudice d'un Français. Non, non, il faut en rabattre des grandes idées d'égalité de races et d'universelle fraternité. Mais il y a un autre service à rendre aux noirs que de leur conférer des droits politiques. Il s'agit de les faire servir aux progrès mêmes de la terre qu'ils habitent et que notre génie féconde.

Mais, entendons-nous : faire servir ces races aux progrès de la civilisation, c'est aussi bien les mettre à l'abri des abus d'autorité que les garder de leurs propres vices. Le gaspillage des forces humaines est le plus criminel de tous.

L'Europe se réunit en congrès pour protéger les richesses de la faune et de la flore africaines. Il est temps qu'elle applique ses délibérations aux millions de noirs qu'elle gouverne. »

Sous la signature de M. **Paul Bourdarie**, la **Presse Coloniale** (1) publiait, le 29 juillet 1908, un important article sur le « Devoir de l'Europe en Afrique ».

« Comme titre à un congrès européen qui s'occupera du sort présent et futur des races indigènes qui peuplent le vaste continent noir, c'est un titre merveilleusement choisi et qui sort de la banalité. Il s'agit, n'est-ce pas, d'amener les

(1) 29 juillet 1908.

puissances colonisatrices à proclamer un certain nombre de vérités coloniales, autrement dit de principes de conduite à l'égard des populations africaines, principes assez généraux pour pouvoir trouver leurs applications dans le cadre même des conditions propres à chacune des colonies ou des régions considérées à part. Et la conférence internationale ne tirera pas son nom du lieu où elle se tiendra : la conférence de Berlin pour le régime international du Congo, la conférence de Bruxelles pour le trafic des armes et spiritueux ; celle-ci s'appellera : *la Conférence internationale du Devoir européen en Afrique*. Et c'est tout un programme impératif qui est contenu dans ce titre.

Il n'est pas impossible d'indiquer quelques-uns des problèmes sur lesquels il importe que les puissances coloniales affirment des devoirs impérieux et précis. Et voici quelques-uns des titres qu'on peut prévoir aux discussions de la conférence européenne :

1° La terre et la question du Domaine de l'Etat ;

2° Les Etats indigènes constitués et l'intérêt qu'il y a à ce qu'ils ne soient protégés que par une seule puissance responsable — (on voit au Maroc les résultats de l'internationalisation);

3° Les races indigènes et la nécessité de les libérer de tout ce qui s'oppose à leur épanouissement et à leur progrès : tels, l'esclavagisme, l'anthropophagie et le fétichisme ;

4° Les indigènes, considérés dans leur statut personnel et dans leurs rapports avec l'Etat protecteur ;

5° Les peuples protecteurs et leurs différentes méthodes coloniales ;

6° L'impôt et son rapport avec les capacités productives ou les besoins généraux des autochtones ;

7° La justice et les modalités de sa distribution ;

8° Les concessions et le travail indigène ;

9° La propriété indigène, en partant de la propriété collective pour aller à la propriété individuelle avec les garanties de sécurité qu'il faut lui donner ;

10° La famille indigène et la nécessité, tout en respectant ses bases héréditaires, de libérer socialement la femme qui en est le pivot ;

11° Les armes et l'alcool (on a déjà conventionné sur ces

points, mais il reste encore à contracter surtout en ce qui concerne l'alcool) ;

12° Les fléaux naturels et importés, et la nécessité de lutter contre eux par l'assistance et par la prévoyance.

On voit par cet essai de classification des problèmes colo-niaux africains que la matière ne manquera pas aux discussions de la conférence. Et pour préciser la portée pratique que pourront avoir ses stipulations, on peut dire qu'il n'est pas indifférent de proclamer par exemple que l'Etat protecteur ne peut jamais concéder l'indigène lui-même, ni son travail, ou encore que les contrats de travail à longs termes sans clauses résolutoires au profit de l'indigène sont et demeurent interdits : la justification de ces deux prescriptions se fait géographiquement sans qu'il soit besoin d'insister.

J'estime donc que l'initiative de M. Lucien Hubert est des plus heureuses, qu'elle se produit à un moment favorable, quand l'*idée indigène* a conquis le plus grand nombre d'adeptes sincères et indépendants, et qu'en somme cette initiative fait honneur à notre pays. »

M. **Paul Bourdarie** reprenait, quelques jours plus tard, cette *même* question dans un article de la **Revue indigène** (1) :

« C'est le titre d'une circulaire adressée par M. Lucien Hubert, député, aux ministres, aux membres du Parlement, des sociétés coloniales, de la presse coloniale, etc., et dont on a lu le texte dans le dernier numéro de la *Revue Indigène*, suivi d'une lettre de M. Milliès-Lacroix, Ministre des Colonies, contenant son adhésion pleine et entière.

Le devoir de l'Europe ! celle-ci ne l'a pas toujours rempli ! Ses avocats nous diront qu'elle a subi les dures nécessités de l'installation, qu'aucun progrès humain ne se peut faire sans casse ni accidents, et qu'elle a couru au plus pressé. Ils citeront le fait de la lutte contre l'esclavagisme, lutte qui a exigé le sacrifice d'un certain nombre de vies humaines, mais qui, par contre, a sauvé dans l'avenir les centaines de milliers d'existences qui payaient tribu à cette guerre violente de l'homme contre l'homme. *Homo homini lupus.*

(1) *Revue Indigène*, juillet 1908, p. 241 et sq.

Admettons la plaidoirie de ces avocats et constatons que, parmi les nations civilisatrices, la France est, à coup sûr, celle dont l'œuvre humaine est la plus belle et la moins dommageable aux races indigènes. Que ce soit dans l'Afrique du Nord, dans l'Afrique occidentale, centrale, équatoriale ou à Madagascar, son œuvre a maintes fois suscité l'admiration de ses rivales en colonisation.

Il n'empêche que l'Europe n'a pas encore tout fait et qu'il lui reste beaucoup à faire, et la proclamation de son devoir devait partir de cette France même où l'indigène a toujours rencontré des avocats sincères, convaincus et désintéressés.

Et c'est M. Lucien Hubert, l'ardent et distingué député des Ardennes, qui a pris l'initiative de cette proclamation; sur quoi le Gouvernement français convoquera les délégués des puissances à venir conférer à Paris sur les principes d'ordre général qu'il est désirable de voir régler et les pratiques de la politique indigène particulière à chaque puissance.

Dès la première minute, la *Revue Indigène* s'est ralliée à la proposition de M. Lucien Hubert, et ce d'autant mieux que j'ai pu, à maintes reprises depuis quinze ans, soutenir quelques-unes des thèses que la conférence ne pourra se dispenser d'examiner, telle, par exemple, la thèse des Etats musulmans à l'ouest du Tchad, empruntée à Mizon, soutenue au *Congrès colonial international de Bruxelles en 1897*, reprise depuis, inutilement du reste, dans la *Dépêche coloniale*, et dont la solution n'est pas encore rendue tout à fait impossible par les conventions ingénieuses de 1890, ou les récentes délimitations du Cameroun. »

Le projet de M. Lucien Hubert souleva cependant quelques objections et, par la plume de M. **Maurice Gandolphe**, la **Liberté**, notamment, en discuta les points essentiels. M. Lucien Hubert précisa, dans la lettre suivante, la pensée qui le guidait dans son initiative (1):

(1) *Liberté* du 3 juillet 1907. Voici les principaux passages de cet article: « Quels sont les indigènes dont il est question de définir les droits? Une liste éliminatoire ne serait pas superflue : à prendre les mots au vrai, le congrès de M. Hubert doit s'intéresser à tous les peuples dont le domaine d'origine et la personnalité nationale se trouvent actuellement réduits à une condition subalterne. Car, enfin, il n'est pas douteux, par exemple, que le Prussien colonise en Pologne et que les droits des indigènes polonais ont singulièrement besoin d'une définition et d'une protection. Il y a encore la Turquie qui colonise en Macédoine, où d'ailleurs la Grèce et la Bulgarie contre-colonisent avec ardeur... Je n'insiste pas, pour ne pas compromettre irréparablement le congrès de M. Hubert; j'admets volontiers que ces questions gênantes n'y seront pas posées. Pour un congrès inter-

Monsieur le Directeur,

« La *Liberté* du 3 juillet me fait l'honneur de discuter mon
projet de réunion d'un Congrès européen pour définir les
droits essentiels et assurer la protection des indigènes
d'Afrique.

Par la plume de son distingué collaborateur, M. Maurice
Gandolphe, elle me reproche à la fois, et de ne point inter-
venir en faveur de toutes les nationalités opprimées même
en Europe, et de me proposer un but que son ampleur
même rend imprécis.

Puisque mon honorable critique veut bien reconnaître que
ma bonne volonté n'est contrainte par aucune nécessité élec-
torale, permettez-moi de répondre quelques mots en faveur
d'une cause dont je demeure l'avocat désintéressé.

Si j'ai limité mon initiative à la question africaine, c'est
que l'expérience d'une propagande poursuivie non seulement en France, mais en Allemagne et en Angleterre, m'a
démontré que la politique de colonisation du continent noir
constitue, pour les grandes puissances européennes, un terrain naturel d'entente. Quand elles n'ont pas voulu y transporter leurs querelles d'Europe, leurs intérêts ont été rare-
ment discordants, presque toujours concordants. Si nous
pouvons tenter, dans l'intérêt même de la paix du monde,
une expérience de collaboration européenne, c'est en Afrique
qu'elle a le plus de chance de succès.

Ce serait méconnaître l'histoire que d'oublier d'ailleurs les
résultats déjà acquis de l'entente entre nations blanches dans
cet ordre d'idées. N'est-ce pas d'un commun accord qu'ont
été réalisées la suppression de la traite des noirs et la limi-
tation des importations d'armes et de spiritueux ?

Enfin, ce que je tiens surtout à répondre à mon distingué
contradicteur, c'est qu'il se méprend sur mes intentions en
croyant que je ne désire qu'ajouter une page à la littérature

national qui veut au moins être inoffensif, l'indigène est nécessairement l'homme
de couleur et, de préférence, le sauvage sur le dos de qui on peut espérer faire
de la philanthropie sans que les philanthropes s'entre-battent.

. . . .

« Mais encore, que pourront valoir pratiquement ces formules qui voudraient s'appliquer à une humanité aussi diverse et inégale ? Peut-on concevoir un droit commun
au lettré annamite et au porteur bambara ? Peut-on surtout concevoir un droit
commun consenti par la République qui laisse voter Chanemougam, et par l'Empire qui « sacrifie une génération de Cameroun » et fait noyer à la douzaine ses
petits indigènes ? »

humanitaire internationale. Je poursuis des résultats plus précis. L'attendrissement des grandes âmes est respectable, mais le ressort des actions humaines demeure l'intérêt.

Or, je prétends que l'intérêt des peuples européens leur commande de sauvegarder la race noire.

Ce n'est point une sœur mystique que nous honorons en elle, c'est une collaboratrice avec laquelle il nous faut traiter comme le patron traite avec ses ouvriers.

Avouez que, si j'avais voulu traiter la question au point de vue plus sentimental, je n'eusse point eu grand'peine à émouvoir douloureusement l'opinion publique, déjà avertie d'excès regrettables dont nous devons prévenir le retour.

C'est une réalité sociale qui nous pose le problème. Je demande qu'on l'aborde avec précision et avec fermeté, par la seule voie qui nous permette d'espérer une solution. »

*
* *

La presse étrangère consacra également de nombreux articles à cette question.

L'organe de la Société coloniale allemande, la **Deutsche Koloniale gesellschaft,** commenta, dans les termes suivants, sous la signature de son secrétaire le consul **Vohsen,** la proposition de M. Lucien Hubert ·

« Le xixᵉ siècle restera devant l'Histoire le siècle de la colonisation. La grande œuvre de l'époque est sans nul doute la pénétration en Afrique qui, actuellement, n'est pas encore complète. Mais pour que cette Afrique devienne une source de prospérité envers la métropole, il ne faut pas ruiner ni détruire ses trésors naturels et, au premier rang de ceux-ci, se trouvent les indigènes. Il faut, au contraire, les relever et les développer. Les intérêts de toutes les nations colonisatrices se trouvent ici solidaires et le labeur en commun est aussi nécessaire qu'avantageux. M. Lucien Hubert, le distingué député français, vice-président de la commission des affaires extérieures, vient à cet effet de proposer à tous ses amis des colonies la réunion d'une conférence européenne de toutes les nations intéressées afin de discuter ces questions.

Il est très intéressant de voir comment, pour M. Hubert, la question coloniale entière se résume en celle des indigènes. D'après son projet, la tâche de cette conférence serait d'élaborer quelques principes directeurs de colonisation moderne

en faveur de la protection et de l'éducation des indigènes. Il
suffirait d'énoncer des règles d'ordre général sur le traitement
des noirs. Par exemple :

Respect, devant les tribunaux des indigènes, de leur droit
de propriété, de la constitution de leur famille, de l'organisation de leurs tribus.

Protection des conditions d'existence de leur race ; garantie
du travail libre et suffisamment rétribué.

Les idées exprimées par M. Hubert avec un chaleureux
enthousiasme trouveront certainement en Allemagne un vif
écho. A nous aussi, une conférence internationale sur la question indigène paraît d'une haute importance. Celui qui considère les événements d'Afrique se rend compte qu'à l'heure
actuelle les problèmes les plus divers réclament une solution.
L'Afrique du Sud tout entière est marquée du sceau de la
question indigène. En raison de l'accroissement considérable
et des efforts de la population indigène, aussi bien que de
l'énorme immigration des races asiatiques, les Européens se
voient de plus en plus refoulés au dehors. L'Africanisme se
déclare l'adversaire décidé de la race blanche et réclame des
mesures de défense préventive. L'émigration européenne se
trouve en présence du danger d'un conflit entre la race noire
et la race blanche, et ce danger doit être écarté de façon à
satisfaire les deux partis. A quelles conditions le commerce
européen peut-il se procurer des employés indigènes, et comment doit-il les traiter ? Quelle est la méthode d'éducation la
mieux appropriée aux nègres ? Comment faire servir les noirs
au mieux de nos intérêts de façon qu'eux aussi y trouvent
leur compte ? Toutes questions décisives pour l'avenir de nos
colonies et au sujet desquelles il n'est certes pas superflu de
s'instruire par l'expérience des autres métropoles, et de poser,
au cours de conférences générales, de nouvelles bases.

Des soulèvements toujours désastreux pour les deux partis
en présence, et dont aucune puissance coloniale n'a été épar-
gnée, nous ont démontré à quel point le juste traitement des
noirs est chose délicate et combien le but poursuivi, c'est-à-
dire l'Afrique ouverte, initiée à la civilisation moderne, exige
de circonspection. La question de la marche en avant se pose
plus pressante que jamais, grâce à la construction des chemins
de fer. Les voies ferrées pénètrent de toutes parts le conti-

ment africain, et incorporent l'un après l'autre de nouveaux
territoires à la zone du commerce européen. Les blancs
se trouvent donc de plus en plus en rapport direct avec la
race indigène; auparavant, au contraire, une étroite région
côtière et les rives des fleuves seules étaient soumises
à l'influence de l'activité européenne.

Sous aucun prétexte, nous ne pouvons ignorer ces questions, ni nous en désintéresser, car non seulement le noir est
là, mais, plus encore, nous avons besoin de lui, si nous vou-
lons réussir en Afrique.

L'Afrique ne peut être ouverte que par le concours des peuples cultivés d'Europe et des peuples indigènes non civilisés.
L'homme des climats tempérés, avec son intelligence, son
énergie, son acquis intellectuel rehaussé et complété par une
longue culture héréditaire, est indispensable, et sera toujours
indispensable au fils des tropiques, qui ouvre les yeux à la
lumière. D'autre part, notre incapacité physique à de durs
travaux sous un climat torride nous rend tributaires de la
force et de la résistance corporelle des noirs. Nous avons
besoin les uns des autres, et il s'agit de répandre, ici et là-
bas, en élargissant toujours le cercle, la claire compréhension
des intérêts communs.

M. Lucien Hubert reconnaît aussi la nécessité pour les deux
races de travailler ensemble, par les paroles suivantes :

« Le blanc sera le cerveau qui conçoit la pensée ; le noir,
le bras qui l'exécute. Sur ce terrain, toutes les nations blanches sont solidaires et appelées à une œuvre commune. Les
fautes des uns compromettraient les intérêts de tous, tandis
que le succès des uns concourt au bien de tous. »

Sous le titre : *La Protection des indigènes*, on lisait dans le **Berliner
Tageblatt** du 23 juin 1908 :

« Un appel — qui témoigne autant de connaissance, d'expérience en matière de politique coloniale, que d'enthousiasme pour la solution d'un problème difficile que la civilisation a à résoudre — est adressé par Lucien Hubert à ceux
qui s'occupent de politique coloniale dans tous les pays. Le
distingué député français, dont la conférence à la *Société Coloniale Allemande* laisse encore ici le meilleur souvenir, met
à notre disposition un écrit dont la pensée fondamentale

nous paraît inattaquable et les propositions pratiques dignes
d'attention.

. . . .

On doit reconnaître que le problème de la conduite à tenir
envers les indigènes, qui, aujourd'hui, est devenu brûlant
pour les peuples colonisateurs, exige à certains points de
vue une réglementation internationale.

Le principe « que m'importe, s'il y a le feu chez mon voi-
sin » n'est pas de mise ici. C'est pourquoi, la proposition de
M. Hubert, en dehors de son importance idéale, a une signi-
fication immédiatement pratique. »

* *

Ainsi, en quelques mois, l'idée de M. Lucien Hubert a franchi un
pas important et les concours précieux de hautes personnalités du monde
colonial français et étranger sont désormais gagnés à cette cause.

A considérer l'accueil qu'a reçu partout cette proposition, il n'est pas
douteux que M. Hubert, avec son inlassable activité, parviendra à réaliser son projet d'une Conférence Européenne.

Dans tous les cas, nous croyons pouvoir affirmer que d'ores et déjà
le Gouvernement, sous l'énergique impulsion de M. Milliès-Lacroix,
serait disposé à réunir une commission chargée d'étudier les bases sur
lesquelles pourrait s'instituer, le cas échéant, une discussion générale
en vue d'établir les principes propres à assurer, selon les termes mêmes
de M. Lucien Hubert, *la préservation des races indigènes et l'amélioration de leurs conditions matérielles et morales*. Il témoignera par là de
son désir de seconder une heureuse et généreuse initiative et de contribuer efficacement à la réussite d'un projet qui sera tout à l'honneur de
la France, puisque aussi bien il s'agit pour elle de faire triompher une
fois de plus les idées de justice et d'humanité.

Georges FROMENT.

Paris. — Imp. Levé, rue Cassette, 17. — S.